St. Lorenz
Neuer Bhf.
Krempels
Gem. Vorw
Gem.
Nebenhöfer Feld
Pferdekäufer Feld
Bauhofs-Wiesen
Töpfer-Feld
Hüte-Feld
2. Gas-Anstalt
Garten Kolonie
Kasernen Brink
Wilhelms-höhe
Schwartauer Allee
Moislinger Allee
Friedhofs-Allee
Stadt Graben
Innerer Hafen
Äußerer Hafen
Obere Trave
Erste Wall
Elbe-Trave Kanal
Mühlen-Teich
Kronsforder Allee
Ratzeburger Allee
Israelsdorfer Allee
Unterer Hafen
Umschlag-Hafen
Klug-Hafen
Lager Plätze
Garten-Plätze
St. Jürgen
Irrenhaus
Allgemeines Krankenhaus
Wakenitz
Stadt-Park
St. Gertrud
Burg
Krumme
Ballast-kuhle
Kochs Schiffswerft

Ulrike Ammermann

WUNDERSCHÖNES LÜBECK

»Mein Lübeck, schöne Hansestadt, wo ich geboren bin;
aus aller Herren Länder zieht es Menschen zu Dir hin.
Noch immer kann man stillvergnügt durch Deine Gassen geh'n,
das Holstentor und Deine sieben Türme seh'n.«

Thomas Pohle, Lübeck-Lied

BRUCKMANN

Die historische Altstadt am Ufer der Untertrave

The historical old quarter on the banks of the Untertrave / La vieille ville historique sur les rives de la Trave inférieure

◀ GERADE VERLÄSST EIN DAMPFER LÜBECK. Über die Trave wird sein Weg bei Travemünde in die Ostsee führen.

A ship leaves Lübeck down the Trave to join the Baltic Sea at Travemünde.

Un bateau à vapeur sur le point de quitter Lübeck. En empruntant la Trave, son chemin le mènera jusqu'à Travemünde pour gagner la mer Baltique.

◀◀ STOLZ RAGEN DIE TÜRME DER MARIEN- UND DER PETRIKIRCHE aus dem Häusermeer der Lübecker Altstadt. In warmem Rot breitet es sich am Ufer der Untertrave aus. Schon von weitem sind die typischen Treppengiebel zu erkennen.

The spires of St Mary and St Peter proudly soar above the roofs of Lübeck's old quarter, a sea of warm red along the banks of the River Untertrave.

Dans la vieille ville de Lübeck, les clochers de Sainte-Marie et de Saint-Pierre pointent fièrement au milieu d'une marée de maisons. La ville s'étend de son rouge flamboyant vers la rive de la Trave inférieure. Au loin on reconnaît déjà les pignons en gradins si typiques.

FEHMARN BELT
FEHMARNB

Inhalt

◁ **Das Feuerschiff Fehmarnbelt** war über 80 Jahre im Einsatz, zuletzt am Fehmarnbelt. Noch immer fahrtüchtig, liegt es seit 2009 am Behnkai in Lübeck und kann auch besichtigt werden.

The lightship Fehmarnbelt plied the seas for over 80 years, finally at Fehmarnbelt. Still seaworthy, it is now moored at Behnkai in Lübeck and is open to the public.

Le bateau-phare Fehmarnbelt fut en activité pendant plus de 80 ans, en dernier lieu au Fehmarnbelt. Toujours en état de marche, il est amarré au quai de Behn à Lübeck depuis 2009 et peut être aussi visité.

Die Königin der Hanse

Queen of the Hanseatic League / La reine de la Hanse

»Trotz allen geschäftlichen und städtischen Pflichten nahm er sich Zeit, ihn in der Stadt umherzuführen, ihm alle mittelalterlichen Sehenswürdigkeiten, die Kirchen, die Tore, die Brunnen, den Markt, das Rathaus, die Schiffergesellschaft, zu zeigen.« Seiner Heimat Lübeck hat Thomas Mann in vielen seiner Bücher ein literarisches Denkmal gesetzt. Auch wenn die Lübecker es ihm in den ersten Jahren nach Erscheinen des Romans *Die Buddenbrooks* nicht gedankt haben. Zu beleidigt waren seine Zeitgenossen weger der oft bissigen Beschreibungen alteingesessener Kaufmannsfamilien, in denen sich so mancher wiederzuerkennen glaubte. Heute sind die Lübecker stolz auf den berühmten Sohn der Stadt. Für sein Werk erhielt der Dichter den Nobelpreis, die von ihm gepriesene Stadt erklärte die UNESCO zum Welterbe. Schon von ferne sieht

◂ **Der malerische Mühlenteich** mit dem Dom bildet das südliche Ende der Altstadt von Lübeck.

Picturesque Mühlenteich and the cathedral form the southern tip of Lübeck's historical quarter.

Le pittoresque étang du moulin et la cathédrale se trouvent à l'extrémité méridionale de la vieille ville de Lübeck.

"Despite his social and municipal obligations, he took the time to conduct his visitor through the city and show him the medieval sights, the churches, city gates, fountains, market, city hall and 'Schiffergesellschaft'." Many of the works of Thomas Mann established a literary memorial to his home city of Lübeck - even if the people of that city were hardly grateful in the first few years after the publication of 'Buddenbrooks.' His contemporaries were too insulted at the penetratingly accurate, pointed descriptions of venerable and long-established merchant families which many saw as references to themselves. Today the city is proud of its famous son. Mann received the Nobel Prize for his novel, and the city he praised so highly was designated a World Heritage Site by UNESCO. Both awards are fully justified. Visitors who see the city's impressive skyline with its seven church spires from afar; who enter the city through mighty Holstentor Gate; who stroll down twisting cobbled lanes; who discover a new gabled building with magnificent brick ornaments or elegant townhouse; who admire the geometrical order of the red-brick or white-plaster houses with their stepped, pointed or rounded gables, before finally emerging in the center with its eminent works of Brick Gothic architecture – St Mary's Church and

« Malgré toutes ses contraintes professionnelles et ses devoirs municipaux, il prit le temps de lui montrer la ville ainsi que toutes les attractions touristiques datant du Moyen-Âge, les églises, les portes, les fontaines, la place du marché, l'hôtel de ville, la « compagnie maritime ». À travers ses livres, Thomas Mann a placé son pays natal Lübeck au rang de monument littéraire. Même si les Lubecquois ne l'ont pas remercié au cours des premières années ayant suivi la parution des « Buddenbrooks ». Ses contemporains se sentirent insultés par les descriptions pertinentes et pointues portant sur les vieilles familles de commerçants. Certains pensèrent même se reconnaître dans celles-ci. Aujourd'hui, ils sont fiers du célèbre fils de la ville. Le poète obtint le prix Nobel pour son roman, la ville dont il fit l'éloge fut placée sur la liste du patrimoine mondial de l'UNESCO. Les deux distinctions sont justifiées. Celui qui contemple au loin l'imposant paysage urbain de la ville avec ses sept clochers. Celui qui entre dans la vieille ville en franchissant la puissante porte d'Holsten ; qui flane le long des ruelles sinueuses aux pavés inégaux. Celui qui découvre à chaque coin de rue une nouvelle maison ornée de pignons aux splendides briques hollandaises ou une élégante maison bourgeoise.

man die eindrucksvolle Silhouette der Stadt mit den sieben Kirchtürmen. Wenn man durch das mächtige Holstentor die Altstadt betritt und die gewundenen Kopfsteinpflaster-Gassen entlangflaniert, entdeckt man an jeder Ecke ein neues prächtiges mit Klinkern verziertes Giebelhaus oder ein elegantes Bürgerpalais. Bewundernswert ist die geometrische Ordnung der mal in rotem Backstein gehaltenen, mal weiß verputzten Häuser mit ihren Treppen-, Spitz- und Rundgiebeln. Im Zentrum schließlich liegt der Platz mit den bedeutenden Zeugnissen der Backsteingotik – die Marienkirche und das dunkel verklinkerte Rathaus.

Ungeachtet des berühmten hanseatischen Understatements legen die stattlichen Kaufmannshäuser beredt Zeugnis ab von Lübecks Vergangenheit als »Königin der Hanse«. Im Mittelalter galt sie als wichtigste Stadt Norddeutschlands in diesem Bund, der über Jahrhunderte hinweg den gesamten Handel im Ost- und Nordseeraum dominierte.

In derselben Zeit entstand eine weitere lokale Besonderheit. Von den schmalen Gassen der Altstadt zweigen laufend noch kleinere Gänge ab. Hinter den repräsentativen Bauten der reichen

the dark brick City Hall: these visitors cannot but utter an involuntary "glorious!"

The city's inhabitants have never lacked the wherewithal to create beauty – yet this is sensed rather than seen in ostentatious details. Lübeck people have always practiced the Hanseatic art of understatement. Yet the handsome merchants' houses still pay eloquent tribute to Lübeck's history as 'Queen of the Hanseatic League.' In medieval times Lübeck was considered the foremost Northern Germany city in the League, which dominated trade in the Baltic and North Sea for centuries.

During this period, a further local feature developed as the narrow lanes of the historic center split into a mass of even narrower alleyways. In late medieval times, the prestigious facades where wealthy merchants and craftsmen dwelt hid the living-quarters of the laborers, often the tiniest of shacks. Many of these backyard cottages have been carefully restored and are today coveted apartments – housing far fewer inhabitants than in the past.

Although around one-third of the city's historical architecture was destroyed in the Second World

Celui qui admire l'ordre géométrique des rues alternant les maisons de briques rouges aux maisons de crépi blanc avec leurs pignons à gradins, à pointes ou ronds. Celui qui atteint finalement le centre-ville et la place rassemblant les plus beaux témoignages de la gothique en briques – l'église Saint Marie et le sombre hôtel de ville en briques hollandaises. Celui qui découvre tout cela, ne peut s'empêcher de définir spontanément tout cet ensemble de « magnifique ». Ici, de tout temps on eut toujours suffisamment d'argent pour vivre de beaux jours. Le visiteur peut plus l'imaginer qu'il ne peut le voir concrètement par quelques détails tape-à-l'œil. Les Lubecquois ont en effet toujours fait preuve et font encore preuve d'une modestie typiquement hanséatique.
Les imposantes maisons des marchands sont toutefois malgré tout, d'éloquents témoignages du passé de Lübeck, la « reine de la Hanse ». Au Moyen-Âge, elle était considérée comme la plus importante ville du nord de l'Allemagne au sein de cette confédération, qui domina des siècles durant l'ensemble du commerce de la mer du Nord et de la Baltique.

Une autre particularité locale apparut à la même époque. Les ruelles étroites de la vieille

Kaufleute und Handwerker versteckten sich hier im späten Mittelalter die Wohnbereiche der Tagelöhner, die hier oft in winzigen »Buden« hausten. Viele dieser Hinterhäuser wurden liebevoll restauriert, die Wohnungen darin sind äußert begehrt.

Im Zweiten Weltkrieg wurde etwa ein Drittel der alten Gebäude zerstört. Trotzdem ist von der Kaufmannssiedlung, die Graf Schauenburg im 12. Jahrhundert auf einem Hügel zwischen Trave und Wakenitz gegründet hatte und die sich seither stetig vergrößert hat, aus fast jeder Zeit etwas erhalten geblieben. Angefangen von St. Katharinen, die als Klosterkirche schon im 14. Jahrhundert erbaut wurde, über das Holstentor, das um 1500 errichtet wurde, das Zeughaus aus dem Jahr 1675, die vielen Patrizierhäuser aus dem 19. Jahrhundert bis zu moderner Architektur, die hie und da die durch den Weltkrieg gerissenen Lücken erobert hat.

▷ **1987** wurde die Lübecker Altstadt zum UNESCO-Welterbe erklärt.

1987 the old quater of Lübeck were declared as a World Heritage by UNESCO.

En 1987, la vieille ville de Lübeck tut placée sur la liste du patrimoine mondial de l'UNESCO.

War, testimonies in stone from almost every era still stand in the city, originally a merchants' settlement founded by Count Schauenburg in the 12th century on a hill between Trave and Wakenitz, and expanding unceasingly ever since: from

St. Katharine's, a14th-century monastery church, and Holstentor Gate built in 1500, the armory from 1675 and the many 19th-century patricians' houses to the modern buildings which have filled the gaps torn by the war.

ville se divisent constamment en de bien plus petites venelles. Cachées derrière les bâtiments solennels des riches marchands et artisans, se trouvent les quartiers des salariés journaliers, qui vivaient ici vers la fin du Moyen-Âge dans de minuscules « chambrettes ». Beaucoup de ces maisons d'arrière-cour sont aujourd'hui restaurées avec soin – et pour bien moins d'habitants que ce fut jadis le cas– et elles ont été transformées en appartements très prisés.

Au cours de la Deuxième Guerre mondiale, environ un tiers des vieux bâtiments fut détruit. Malgré tout, chaque époque a préservé une partie de ce quartier de commerçants, fondé au 12e siècle par le comte Schauenburg sur une colline située entre la Trave et le Wakenitz et qui n'a fait que s'agrandir depuis. Évoquons tout d'abord Ste Catherine, l'église du couvent construite au 14e siècle déjà, puis la porte d'Holsten érigée en 1500, l'arsenal datant de 1675, mais aussi les nombreuses maisons patriciennes du 19e siècle pour finir par l'architecture moderne, qui s'est imposée de ci delà dans les trous béants laissés par la Guerre mondiale.

Am Ufer der Trave

At the Banks of the Trave / Aux bords de la Trave

◀ **Im warmen Sonnenschein** liegen zwei Barkassen auf der Trave vor Anker. Direkt am Ufer stehen die ersten Giebelhäuser mit den für die norddeutsche Backsteingotik so typischen Treppengiebeln. Gelegentlich sind einige Elemente oder ein ganzes Haus weiß herausgeputzt. Neubauten, die die vom Zweiten Weltkrieg verursachten Lücken ausfüllen, nehmen die Formensprache der Vorfahren behutsam auf.

Two barges bathed in sunshine lie at anchor on the Trave. The river is lined with the gabled houses with stepped gables so typical of Northern German Brick Gothic, with white plaster picking out occasional features or whole houses. New buildings fill the gaps torn by the Second World War, sensitively echoing the forms of their predecessors.

Deux barcasses ont posé l'ancre dans la Trave à la lumière chaude du soleil. Les premières maisons à pignon situées juste au bord du quai ont des pignons en gradins caractéristiques de la gothique en brique nord-allemande. Parfois, toute la maison ou quelques éléments seulement s'ornent d'un blanc quelque peu pompeux. Les immeubles neufs qui comblent les lacunes laissées par la Deuxième Guerre mondiale s'inscrivent dans le style des formes architecturales d'autrefois.

Das mächtige Holstentor wurde von 1464 bis 1478 ursprünglich als dreigliedrige Toranlage von Stadtbaumeister Hinrich Helmstedt erbaut. Zur Zeit der Spätgotik war das Tor eines von mehreren, durch welche man die Lübeck umschließende Befestigungsanlage passieren konnte. Es ist heute das Wahrzeichen der Stadt.

Mighty Holstentor Gate was originally built as a three-gated entrance by city architect Hinrich Helmstedt between 1464 and 1478. In the late Gothic era the gate was one of several entrances to the fortifications encircling Lübeck. Today it is the city's landmark.

La majestueuse porte Holstenstor fut construite entre 1464 et 1478 par le maitre d'œuvre de la ville Heinrich Helmstedt, elle était à l'origine une porte à trois pans. À l'époque du gothique flamboyant, elle était une des portes qui permettait de franchir les murs de la forteresse entourant Lübeck. Aujourd'hui, elle fait figure de symbole pour la ville.

Das Rathaus

City Hall / L'hôtel de ville

◁ ▷ **Schon ab 1230** wurde das Lübecker Rathaus erbaut. Jede neue Epoche hat in der Architektur des Bauwerks ihre Spuren hinterlassen. Das spitzbogige Hauptportal (ganz rechts) stammt aus der Zeit nach 1350. Die Eingangshalle wurde 1887 im Stil der Neugotik gestaltet. Der Audienzsaal, früher Tagungsort des hansischen Obergerichts, wurde 1754 bis 1761 im Stil des Rokoko umgestaltet.

Lübeck City Hall was built in 1230; every succeeding epoch left its mark on the architecture. The pointed arches of the main entrance far right) date from after 1350. The entrance hall was designed in neo-Gothic style in 1887. The main hall, where the Hanseatic Supreme Court once convened, was remodeled in rococo style from 1754 to 1761.

L'hôtel de ville de Lübeck fut construit dès 1230. Chaque nouvelle époque a laissé ses traces dans l'architecture de l'édifice. Le portail principal en forme ogivale (tout à fait à droite) fut construit après 1350. La salle de réception a été aménagée en 1887 en style néogothique. La salle d'audience, qui était autrefois un lieu de congrès du haut tribunal hanséatique, a été modifiée entre 1754 et 1761 en style rococo.

Einbahnstraße
und

An der Stadtmauer und in der Engelsgrube

At the City Walls – 'Angels' Ditch' / Accolées aux remparts – Dans la fosse aux anges

◀ **Dicht an die alte Stadtmauer** schmiegen sich die Häuser in der beliebten Altstadtstraße An der Mauer, einige stammen noch aus der Zeit der Renaissance.

Close to the old walls, in the busy lane An der Mauer, huddle rows of houses, some dating from Renaissance times.

Accolées aux murs des vieux remparts, les maisons se blottissent les unes à côté des autres dans une rue très prisée du centre historique : la rue « An der Mauer », certaines d'entre elles datent encore de la Renaissance.

▶ **Die mittelalterliche Engelsgrube** im alten Seefahrerviertel verdankt den ersten Teil ihres Namens den Engländern, die ganz in der Nähe ihre Schiffe am englischen Hafen, dem heutigen Hansahafen, festmachten.

The medieval Engelsgrube in the ancient seafarers' district owes the first part of its name to the English or 'Angles' who moored their ships in the nearby 'English Harbor,' today Hansahafen.

La fosse aux anges, située dans le vieux quartier maritime et datant du Moyen-Âge, doit son nom aux Anglais, qui amarrèrent leurs bateaux dans le port anglais situé juste à côté, l'Hansahafen d'aujourd'hui.

In memoriam for Pamir
New York 24.03.2006
SOUTH STREET SEAPORT MUSEUM

Die Jakobikirche

St James' Church / L'église Saint-Jacques

◀ ▶ **VOM NORDEN** sind die sieben Lübecker Kirchtürme gut zu erkennen – zuvorderst die Spitze von St. Jakobi. Im Norden lebten alle, die mit der Schifffahrt zu tun hatten. So entwickelte sich St. Jakobi zur Kirche der Seefahrer, Bootsleute und Fischer. Seit den 1950er Jahren liegt hier als Mahnmal das Rettungsboot 2 des 1957 untergegangenen Großseglers Pamir.

Lübeck's seven church spires are clearly visible from the north, with St James' in the forefront. The north of the city was home to all who worked with shipping and the sea, so that St James' became the church of sailors, seafarers and fishermen. Today it houses Lifeboat 2 of the sailing ship Pamir, which capsized in 1957, as a memorial.

Les sept clochers de Lübeck sont faciles à reconnaître – avant tout la flèche de St. Jacques. Au nord vivaient tous ceux qui touchaient de près ou de loin à la navigation. St Jacques est donc devenue une église de marins, de premiers maîtres et de pêcheurs. Depuis les années 50, le canot de sauvetage 2 du fameux grand voilier naufragé Pamir fait ici figure de mémorial.

Die Marienkirche

St Mary's Church / L'église Sainte Marie

◁ ▷ AUF DEM HÖCHSTEN PUNKT DER ALTSTADT steht St. Marien. Kathedralen in Frankreich und Flandern waren Vorbilder für die dreischiffige Basilika. Die Lübecker Bürger ließen erstmals die eleganten Formen der Gotik im heimischen Backstein umsetzen. Mit ihrem fast 40 Meter hohen Mittelschiff und den beiden 125 Meter hohen Türmen steht die Marktkirche für Reichtum und Macht der Lübecker Bürger.

St Mary's Church is the highest point of the historical quarter, its three-nave basilica modeled on cathedrals in France and Flanders. It was here that Lübeck's citizens first translated the soaring lines of the Gothic period into their native brick. With a central nave almost 40 meters high and two 125-meter spires, the market church symbolizes the wealth and power of the people of Lübeck.

St Marie est située sur le point culminant du centre historique de la vieille ville. Les cathédrales de France et de Flandres servirent de modèle à cette basilique à trois nefs. Les citoyens de Lübeck lui appliquèrent tout d'abord les formes élégantes du style gothique en brique local. Avec leur nef centrale haute de presque 40 mètres et ses tours hautes de 125 mètres, l'église Marktkirche symbolise la richesse et la puissance des citoyens de Lübeck.

Die Marienkirche

St Mary's Church / L'église Sainte Marie

◀ ▶ **Die erste Kirche der Backsteingotik** wurde Vorbild für zahlreiche Kirchen im Ostseeraum. Bei einem Bombenangriff brannte St. Marien 1942 fast völlig aus. Die Kirchenglocken stürzten in den Südturm und gruben sich in den Steinboden, als Mahnmal ließ man sie beim Wiederaufbau liegen. Der freundlich lächelnde Teufel wurde erst 1999 von Rolf Goerler geschaffen: Beim Bau der Kirche soll der Sage nach auch der Teufel seine Hand im Spiel gehabt haben.

The first Brick Gothic church became a model for countless churches in the Baltic region. St Mary's was almost completely destroyed by fire in 1942. The bells plunged through the south tower and shattered on the stone floor. The friendly devil was sculpted in 1999 by Rolf Goerler, a reference to the legend that the devil had a hand in the construction of the church.

La première église de style gothique en brique a servi de modèle à de nombreuses églises de la région baltique. Ste Marie brûla presque complètement en 1942 au cours des premiers bombardements. Les cloches de l'église s'effondrèrent alors dans la tour du Sud et s'enfoncèrent dans le sol pierreux, on les y laissa en souvenir lors de la reconstruction. Le diable au sourire aimable ne fut réalisé qu'en 1999 par Rolf Goerler : légende prétend que le diable aurait été impliqué dans la construction de l'église.

Aegidienkirche und Koberg

St Aegidien and Koberg / L'église de Saint-Aegidien et Koberg

◀ **Ganz im Osten** liegt die kleinste der Lübecker Hauptkirchen: St. Aegidien. Hier unweit der Wakenitz lebten in Lübeck die Handwerker und viele Menschen, die der sozialen Fürsorge bedurften.

The smallest of Lübeck's main churches, St Aegidien, is far to the east near the River Wakenitz, once the home of Lübeck's craftsman and many in need of alms.

La plus petite des principales églises de Lübeck, St Aegidien, se trouve à l'est. C'est ici, non loin du fleuve de la Wakenitz que les artisans et de nombreuses personnes dans le besoin vivaient à Lübeck.

▶ **Der Koberg im Jakobi-Quartier** im Norden der Lübecker Altstadt ist im Grunde nicht viel mehr als eine markante Straßenkreuzung. Sie diente den Lübeckern als zweiter Marktplatz.

Actually little more than a populous junction, Koberg in the Jakobi-Quartier to the north of Lübeck's historical quarter served Lübeck as a second marketplace.

Situé dans le quartier St Jacques au nord de la vieille ville de Lübeck, le Koberg n'est finalement rien d'autre qu'un boulevard important. Il était pour les lubecquois une deuxième place du marché.

Der Dom zu Lübeck

Lübeck Cathedral / La cathédrale à Lübeck

◀ ▶ **Der Dom** ist wohl das älteste Gebäude Lübecks. Nachdem die Stadt 1160 Bischofssitz geworden war, legte Heinrich der Löwe 1173 den Grundstein zu der dreischiffigen Backstein-Basilika. Ab 1260 wurde das »Paradies« angebaut, eine spätromanische Vorhalle. Sie diente als Eingang, Freistätte für Verfolgte, Ort der Almosenausgabe und gelegentlich auch Gerichtsstätte.

The Cathedral is probably Lübeck's oldest building. The city became an episcopal seat in 1160, and Henry the Lion laid the foundation stone for the three-nave brick basilica in 1173. The 'Paradise,' a Late Romanesque portal, was added from 1260. It served as an entrance, sanctuary for the persecuted and place where alms were distributed – and occasionally where justice was meted out.

La cathédrale est sans doute le plus vieux bâtiment de Lübeck. Après que la ville ait obtenu le statut d'évêché en 1160, Henri Le Lion posa la première pierre de cette basilique en brique à trois nefs en 1173. À partir de 1260 un foyer de style tardif roman, fut ajouté : « le paradis ». Il servait de salle de réception, de zone franche pour les persécutés, de lieu de dépôt pour l'aumône et à l'occasion aussi de salle de tribunal.

◁ ▷ **Gleich nach der Fertigstellung** wurde der Dom zur gotischen Hallenkirche umgestaltet, mit Seitenschiffen, die genau wie das Mittelschiff 20 Meter hoch waren. 1341 wurde ein gotischer Umgangschor (ein)geweiht, er ersetzte im Osten die romanischen Altarnischen, Apsiden genannt. Im Langhaus wurden in gotischer Zeit Seitenkapellen angefügt, die im Barock abermals umgebaut wurden.

Upon completion, the Cathedral was redesigned as a Gothic hall church with side naves of equal height – 20 meters – to the central nave. A Gothic ambulatory was consecrated in 1341 to replace the Romanesque apsides (altar recesses) at the east. Side chapels were added to the main nave during the Gothic era and later redesigned in Baroque style.

Juste après son achèvement, la cathédrale fut transformée en église-halle gothique avec des bas-côtés d'une hauteur identique à celle de la nef centrale, en effet 20 mètres. Un chœur de style gothique fut inauguré en 1341, il remplaça les niches de l'autel romanes appelées absides. Dans la nef, on rajouta des chapelles latérales qui furent toutefois à nouveau modifiées à l'époque baroque.

Die Petrikirche

St Peter's Church / L'église Saint-Pierre

◀ ▶ **Schon 1170** wurde St. Petri erstmals zusammen mit St. Marien urkundlich erwähnt, aber erst im 15. Jahrhundert war die Kirche nach mehreren An- und Umbauten fertig gestellt, bis auch sie ein gotisches Gesicht bekommen hatte. Vor dem Hauptportal stehen heute zwei Glocken, die wie viele Flüchtlinge aus Danzig nach dem Ende des Weltkrieges in Lübeck gestrandet sind.

St Peter's was first mentioned in 1170 with St Mary's; however, the church was not completed until the 15th century after many additions and conversions, finally in Gothic style. Today two bells stand at the main portal, like many refugees stranded here from Danzig after the Second World War.

St Pierre fut mentionné pour la première fois dans les registres en 1170 de même que Ste Marie, mais l'église ne fut achevée qu'au 15e siècle après plusieurs ajouts et transformations, jusqu'à ce qu'elle ait obtenu une apparence gothique. Deux cloches se dressent aujourd'hui devant le portail principal, elles ont atterri ici à Lübeck après la fin de la guerre mondiale, comme de nombreux autres réfugiés de Gdansk.

MAAK-LINIE
LÜBECK
FEHMARN BE

Das Heilig-Geist-Hospital

Holy Spirit Hospital / L'hôpital du Saint-Esprit

◀ ▶ **Das Hospital** war eine der bedeutenden sozialen Einrichtungen des Mittelalters. Lübecker Kaufleute spendeten einen Teil ihres Vermögens für seinen Bau. Zwischen 1260 und 1286 wurde das Spital am Koberg errichtet. Es konnte über 100 kranke und bedürftige Menschen aufnehmen. Im 19. Jahrhundert wurden im Langhaus hölzerne Kammern eingebaut. Der alljährliche Weihnachtsmarkt ist ein Publikumsmagnet.

The hospital was one of the major social institutions of medieval times, built with the help of donations from Lübeck merchants. The Koberg hospital was built between 1260 and 1286 to take in over 100 sick and needy people. Wooden chambers were added to the nave in the 19th century. The annual Christmas market is a magnet for visitors.

L'hôpital était une des institutions sociales les plus importantes au Moyen-Âge. Les commerçants de Lübeck financèrent une partie de sa construction. Entre 1260 et 1286, l'hôpital fut construit sur les hauteurs du Koberg. Il pouvait accueillir plus de 100 personnes malades et indigentes. Au 19e siècle, de petites chambres en bois furent installées dans la nef. Le marché de Noël annuel attire beaucoup de monde.

◀ ▶ **St. Katharinen** ist die einzige erhaltene Klosterkirche in Lübeck. Der elegante Backsteinbau wurde um das Jahr 1300 erbaut, nach den Vorgaben der Mönche ohne Turm. Mit ihren abwechselnd glasierten und unglasierten Ziegeln erinnert die Front an die Hausfassaden reicher Lübecker. Die hohen Zwillingsfenster im Westen lassen den Innenraum in hellem Licht erstrahlen.

St Katharine is the only surviving monastery church in Lübeck. The elegant brick building was built around 1300 – without a steeple, as the monks specified. The façade of alternate glazed and unglazed bricks is reminiscent of the houses of wealthy Lübeck merchants. Light floods the interior through the lofty twin west windows.

Ste Catherine est la seule église abbatiale existant encore à Lübeck. La construction élégante en briques fut construite autour de l'an 1300. Comme souhaité par les moines elle me dispose pas d'une tour. Avec ses briques alternativement vernies et non vernies, son front rappelle celui des maisons des familus riches de Lübeck. Les hautes fenêtres jumelles à l'ouest font resplendir l'intérieur d'une lumière vive.

Das St. Annen-Kloster

St. Anne's Nunnery / Le cloître St Anne

◀ **Von 1502 bis 1515** wurden das St. Annen-Kloster und die dazu gehörige Kirche im spätgotischen Baustil errichtet. Aber schon 1532 wurde das Kloster im Zuge der Reformation wieder geschlossen. 1610 entstand in den Räumen ein Armenhaus, einige Teile des Gebäudes wurden später auch als Zuchthaus genutzt, so dass Armenpflege und Strafvollzug sich unter einem Dach befanden.

St Anne's Nunnery and church were built in Late Gothic style between 1502 to 1515. However, in only 1532 the church was closed in the Reformation. A poorhouse was established there in 1610 and parts of the building were later used as a prison, so that poor relief and punishment were neighbors.

Le cloître St Anne et l'église lui étant afférente furent fondés entre1502 et 1515 dans un style de construction gothique flamboyant. En 1532, il fut refermé au cours de la Réformation. On y abrita en 1610 un hospice et on utilisa également plus tard quelques parties du bâtiment en tant que prison, si bien que la prise en charge des pauvres et le régime pénitentiaire cohabitèrent sous un même toit.

Die Kunsthalle St. Annen

St. Anne's Museum / Le musée des beaux-arts de St Anne

▸ **DAS MUSEUM** beherbergt eine bedeutende Sammlung mittelalterlicher Schnitzaltäre aus Norddeutschland. Außerdem zeigt das Museum sakrale Werke niederländischer Maler aus dem 15. und 16. Jahrhundert. Besonders stolz ist man auf den Passionsaltar von Hans Memling von 1491. Der Altar gehört mit seinen von allen Seiten bemalten Flügeln zu den größten Kostbarkeiten der Hansestadt.

The museum gallery is home to an important collection of medieval North German carved altar-pieces and religious works by 15th and 16th century Dutch painters. It is especially proud of its Passion Altar by Hans Memling, dating from 1491. This winged altar richly painted on all sides is one of Lübeck's greatest treasures.

Le musée héberge une importante collection d'autels sculptés médiévaux du nord de l'Allemagne. De plus, il montre les œuvres d'art sacré de peintres néerlandais des 15e et 16e siècles. L'autel de la Passion d'Hans Memling datant de 1491 fait la fierté du musée. Avec ses ailes peintes de tous côtés, il fait partie des plus grands joyaux de la ville hanséatique.

Behnhaus und Draegerhaus

Behnhaus and Draegerhaus / Les maisons Behnhaus et Draegerhaus

◀ ▶ Mitten in der mittelalterlichen Altstadt ließ Peter Hinrich Tesdorpf 1778 ein repräsentatives Stadthaus vom dänischen Architekten Joseph Christian Lillie errichten. Gleich nebenan liegt das Draegerhaus mit der größten und repräsentativsten Diele Lübecks und den Flügelräumen in klassizistischem Stil. Die beiden zusammen gelegten Stadtpalais zeigen Lübecks Kunstsammlung des 19. und 20. Jahrhunderts.

In 1778 Peter Hinrich Tesdorpf ordered a prestigious town house to be built at the heart of the old medieval city by Danish architect Joseph Christian Lillie. Neighboring Draegerhaus has the largest and most impressive hall in Lübeck and classicist-style rooms. These two palaces, now combined, exhibit Lübeck's collection of 19th and 20th century art.

En 1778, Peter Heinrich Tesdorpf fit construire par l'architecte danois Joseph Christian Lillie une maison représentative au milieu de la vieille ville médiévale. La Draegerhaus, qui lui est mitoyenne a le plus grand et le plus représentatif madrier de Lübeck et des pièces de style classique dans les ailes. Les deux palais urbains présentent la collection d'art de Lübeck des 19e et 20e siècles..

Burgtor und Burgkloster

Burgtor Gate and Monastery / La porte et le cloître du château

◀ ▶ Das spätgotische Burgtor ist das nördliche von ehemals vier Stadttoren des Lübecker Befestigungswalls. Die ältesten Teile des Tores stammen aus dem 13. Jahrhundert, der trutzige Turm mit seinen schwarzen und roten Ziegeln kam im Spätmittelalter hinzu. Das Tor verdankt seinen Namen der alten, hoch über der Trave liegenden Lübecker Burg, die 1227 zum Burgkloster umgebaut wurde.

The late Gothic Burgtor is the most northerly of the four gates in Lübeck's early fortifications. Its oldest parts date from the 13th century, while the formidable tower in red and black brick was added in the late Middle Ages. The gate is named after Lübecker Burg, an old fortress high above the River Trave that was converted into a monastery in 1227.

La porte du château de style gothique flamboyant est une des quatre portes ayant existé autrefois au niveau des remparts de la ville. Elle est la plus au nord. Les plus vieilles parties de la porte datent du 13e siècle, la tour rétive avec ses briques noires et rouges fut ajoutée au bas Moyen-Âge. La porte tient son nom du vieux château situé sur les hauteurs de Lübeck, qui fut transformé en château monacal en 1227

Die Schiffergesellschaft zu Lübeck

Lübeck's 'Schiffergesellschaft' / La compagnie maritime de Lübeck

◀ ▶ »Zu Hilfe und Trost der Lebenden und Toten und aller, die ihren ehrlichen Unterhalt in der Schifffahrt suchen«, wurde die Bruderschaft St. Nikolaus von 1401 gegründet. Zusammen mit der St. Annen-Bruderschaft erwarb man 1535 das Haus an der Engelsgrube/ Ecke Breite Straße. Seit dem Umbau 1538 ist das Gebäude unverändert erhalten und beherbergt heute ein Restaurant.

The Brotherhood of St Nicholas was founded in 1401 "for the assistance and comfort of the living and the dead and all those that seek their honest livelihood in shipping." In 1535 it joined the St. Anne Brotherhood to buy the building on the corner of Breite Strasse and Engelsgrube. Unchanged since its conversion in 1538, the building today houses a restaurant.

La confrérie St Nicolas fut fondée en 1401 « afin de secourir et consoler les vivants et les morts et tous ceux qui cherchent à vivre honnêtement de la navigation ». L'acquisition de la confrérie St Anne fut réalisée en même temps que celle de la maison située au coin de la Engelsgrube et la Breite Straße. Depuis sa transformation en 1538 le bâtiment n'a pas subi de modification, il abrite aujourd'hui un restaurant.

Hier im Haus ihrer Grosseltern haben Thomas und Heinrich Mann einst im Sandkasten gespielt. Heute atmet das liebevoll restaurierte Gebäude mit dem lateinischen Sinnspruch *Dominus providebit* im Rokokogiebel ganz den Geist der Buddenbrooks. Fast scheint es so, als könnte Toni jeden Augenblick das elegante Speisezimmer betreten. Das Haus wird heute als Literaturmuseum genutzt.

Thomas and Heinrich Mann once played in the sandbox here at their grandparents' house. Today the carefully restored building with the Latin motto Dominus providebit on its rococo gable is a literature museum and devoted to the spirit of the Buddenbrooks – one could almost believe Toni might enter the elegant dining-room at any moment.

C'est ici dans la maison de leurs grands-parents, que Thomas et Heinrich Mann ont joué autrefois dans le bac à sable. Aujourd'hui, le bâtiment restauré avec soin présentant sur son pignon rococo l'adage latin Dominus providebit respire entièrement l'esprit des Buddenbrook. Il semble même que Toni puisse entrer à tout moment dans l'élégante salle à manger. Aujourd'hui, cette maison est utilisée comme un musée littéraire.

CARL TESDORPF
HERTHA QUANDT
Quandt Linie
MAAK-LINIE

Schifffahrt

Shipping / La navigation

◂ »IM HAFEN AN DER TRAVE liegen Schiffe an der Pier, durch alle sieben Meere fanden sie den Weg zu Dir« – so wie im Lübecklied beschrieben fahren noch heute Schiffe von Lübeck aus die Trave zur Ostsee hinunter. Und von dort aus in die weite Welt, wobei es heute vor allem Ausflugsdampfer für unternehmungslustige Touristen sind.

"In the harbor on the Trave ships are moored; they crossed the seven seas to you" – as the Lübecklied describes, ships still leave Lübeck today along the Trave, heading for the Baltic and the wide world – most of them pleasure boats for eager tourists.

« Au port de la Trave, des bateaux sont amarrés à la môle, ils ont trouvé le chemin menant à toi en traversant sept mers » – aujourd'hui encore, les bateaux rejoignant la mer Baltique descendent la Trave au départ de Lübeck, comme le décrit le chant de Lübeck. Et c'est de là qu'ils prennent le grand large, quoiqu'il s'agisse aujourd'hui bien plus de bateaux de croisière à vapeur pour touristes désireux d'aventures.

◂ **Vorne am Traveufer** stehen die prachtvollen Repräsentationsbauten der Lübecker Bürger. Hinter den Fassaden der ersten Reihe versteckt sich eine ganze Welt.

The banks of the Trave are lined with the grand houses of the wealthy; behind these facades, a hidden world awaits.

Les superbes bâtiments administratifs des citoyens de Lübeck se dressent sur les rives de la Trave. Derrière cette première rangée de façades, tout un monde caché s'ouvre à nous.

▸ **Der Lübecker Kaufmann** und Schonenfahrer Johann Glandorp ließ 1603 den Glandorpshof errichten, um ehrbaren Witwen Wohnraum zur Verfügung zu stellen. Dieser Hof ist einer der schönsten der berühmten Höfe.

The Lübeck merchant and schooner captain Johann Glandorp built Glandorpshof in 1603 as apartments for respectable widows. It is among the most beautiful of the city's famous courtyards.

Le commerçant lubecquois Johann Glandorp fit construire en 1603 le Glandorpshof afin de mettre des logements à la disposition des veuves honorables. Cette cour est une des plus belles des cours de renom.

◀ ▶ **Das Lied »Der Mai ist gekommen«** kennt fast jedes Kind. Gedichtet hat es der Lübecker Spätromantiker Emanuel Geibel (1815–1884), dessen Denkmal am Koberg steht. Dass der Dichter einen guten Rotwein zu schätzen wusste, war in Lübeck allseits bekannt, und wenn es sich dann noch um einen so genannten Rotspon, einen in der Stadt im Fass zur Vollendung gereiften Rotwein handelte ...

All German children know the song "Der Mai ist gekommen" (The Month of May) by the Late Romantic poet and Lübeck native Emanuel Geibel (1815–1884), commemorated by a monument at Koberg. He was known throughout Lübeck as a connoisseur of good red wine, especially "Rotspon," wine matured in barrels in the city...

La chanson « le mois de mai est venu » est presque connue de chaque enfant. Son auteur était le poète romantique tardif de Lübeck, Emanuel Geibel (1815–1884). Un monument lui est consacré au Koberg. À Lübeck, tout le monde sait que le poète savait apprécier un bon vin rouge et cela d'autant plus s'il s'agissait d'un dénommé Rotspon, un vin rouge ayant mûri en ville en tonneau jusqu'à son terme.

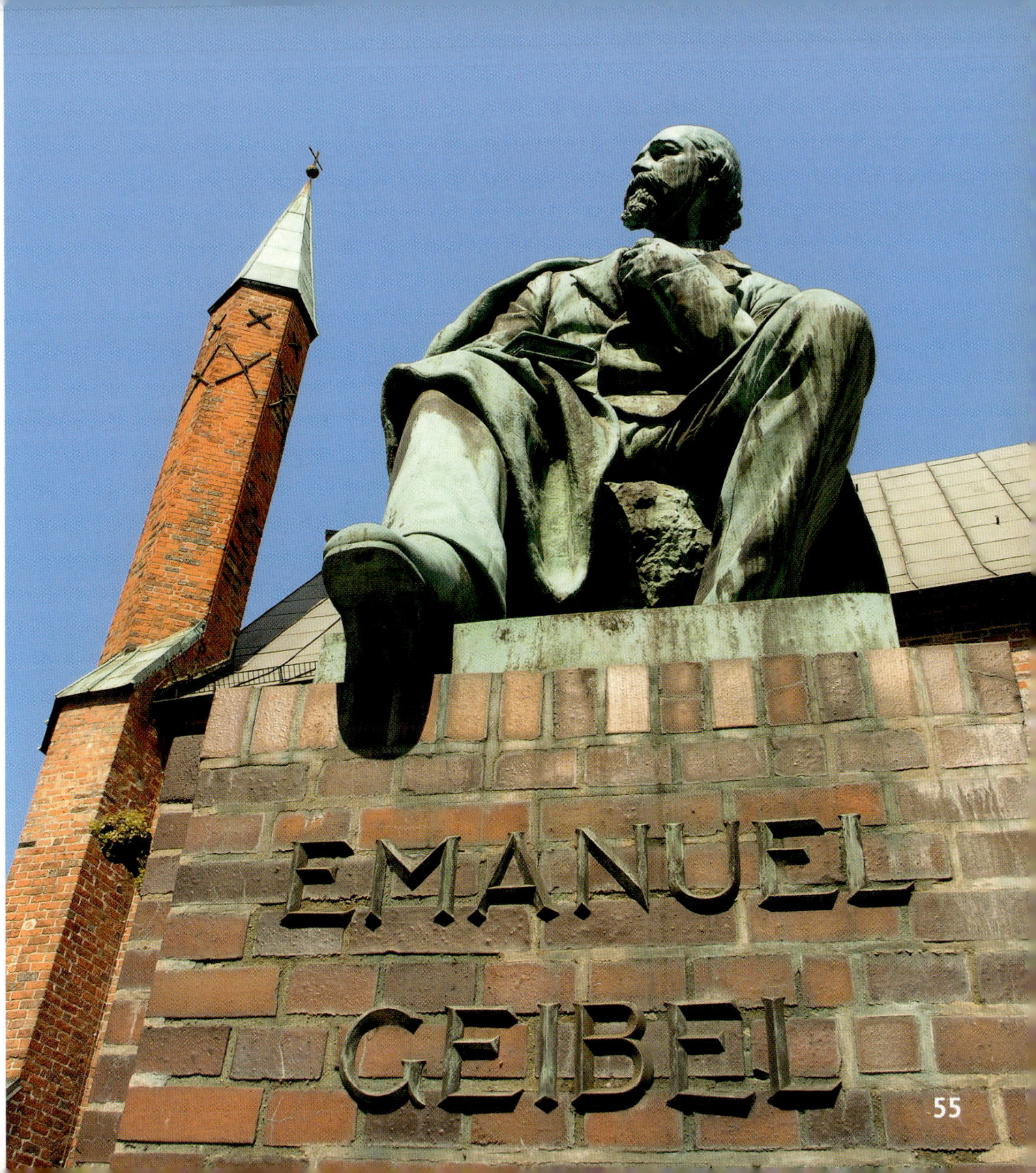

Am Museumshafen

Museum Harbour / Au port-musée

▶ **An der Untertrave**, wo die denkmalgeschützte Drehbrücke hinüber zum anderen Ufer mit der modernen Kongress- und Musikhalle führt, befindet sich der Museumshafen. Hier unterhält ein eigener Verein geschichtsträchtige Kleinode der Seefahrt. Neben vielen alten ostseetypischen Lastenseglern gehören ein altes Binnenschiff, ein Baggerschiff und ein Schlepper zum Bestand.

Museum Harbor extends along the Untertrave, where the heritage-protected swingbridge links to the opposite bank with its modern congress and concert hall. A historical association cares for precious relics of seafaring, including an old river barge, a dredger and a tug in addition to many sailing cargo ships typical of the Baltic.

Le port-musée se trouve sur les bords de la Trave inférieure, à l'endroit même où les ponts tournants classés monuments historiques font la jonction avec l'autre rive, où se trouvent la salle de congrès et la salle de musique moderne. C'est ici qu'une association se dévoue à l'entretien de ce petit bijou maritime au long passé historique. Aux côtés des nombreux vieux voiliers de fret si typiques de la mer Baltique, on trouve un vieux bateau côtier, un dragueur et un remorqueur.

LÜBECK
EHMARN BELT

Traditionssegler auf der Trave in Lübeck

Traditional sailing ships on the Trave at Lübeck / Les vieux gréements à voile sur la Trave à Lübeck

◂ Für seine wunderschönen restaurierten Drei- und Viermastbarken ist die Hansestadt Lübeck auch heute noch bekannt. Auch, wenn sie nicht mehr auf weite Fahrt gehen, um Kaffee, Tee, Getreide und andere Güter in die Hansestadt zu bringen, fahren viele hinaus, um Gästen die weite Welt des Meeres zu zeigen. Viele der Schiffe können mit dem Skipper für Ausfahrten gemietet werden.

The Hanseatic city of Lübeck is still famous today for its beautifully restored three and four-mast barques. Although no longer sent on long journeys to import coffee, tea, grain and other commodities to the city, many still put to sea and can be hired with their skippers for excursions.

Aujourd'hui encore, la ville hanséatique de Lübeck est connue pour ses magnifiques barques restaurées à trois et à quatre mâts. Même si ces bateaux ne partent plus pour de longs voyages afin d'approvisionner la ville en café, thé, céréales et autres marchandises, beaucoup d'entre eux sortent en mer pour présenter le grand large à leurs hôtes. De nombreux bateaux peuvent être loués avec des skippers pour faire des sorties.

Lisa von Lübeck am Jachthafen

Lisa of Lübeck at yacht harbour / Lisa de Lübeck au port de plaisance

◀ ▶ **Die Lisa von Lübeck** ist der Nachbau einer Kraweel oder Caravelle, so wie sie im späten Mittelalter durch die Handelsbeziehungen der Hanse von Portugal kommend auch in Nordeuropa populär wurde. Auf Initiative der Lübecker Mäzenin Lisa Dräger wurde das Schiff nachgebaut und 1999 zu Wassser gelassen. Das stolze Schiff hat seinen Heimathafen im Lübecker Jachtclub.

Lisa of Lübeck is a reconstructed caravelle of a type made popular in Northern Europe in late medieval times by the Hanseatic League's trading connections to Portugal. The proud craft was built on the initiative of Lisa Dräger, a Lübeck patron of the arts, and launched in 1999. It is moored at the Lübeck Yacht Club.

Lisa von Lübeck est la reproduction d'une caravelle, identique à celles qui furent fréquemment utilisées vers la fin du Moyen-Âge dans le Nord de l'Europe au sein des relations commerciales hanséatiques et qui étaient issues à l'origine du Portugal. Le bateau fut construit à l'initiative du mécène lubecquois Lisa Dräger et fut mis à l'eau en 1999. Ce beau navire a son port d'attache au club de voile de Lübeck.

Die alten Salzspeicher

Old salt warehouses / Les vieux entrepôts de sel

▶ **Von 1579 bis 1745** wurden insgesamt sechs Salzspeicher an der Obertrave errichtet. Die Giebelhäuser wurden als Lagerhäuser für Salz genutzt, das von Lüneburg über die alte Salzstraßen und den Stecknitzkanal in die Stadt gebracht wurde. Von hier aus wurde es weiter Richtung Skandinavien transportiert, wo das Salz für die Fisch-Konservierung benötigt wurde.

A total of six salt warehouses were built on the Obertrave from 1579 to 1745. The gabled buildings stored the salt brought to Lübeck along the old salt routes from Lüneburg and Stecknitzkanal. From here it was transported to Scandinavia to be used in preserving fish.

En tout six entrepôts de sel furent construits entre 1579 et 1745 sur les bords de la Trave supérieure. Les maisons à pignons servirent à l'entreposage du sel qu'on acheminait en ville au départ de Lüneburg en empruntant les vieilles routes du sel et le canal de Stecknitz. De là, le sel partait vers la Scandinavie, où il était indispensable à la conservation du poisson.

In der Hüxstraße – die Löwenapotheke

Hüxstrasse – Löwenapotheke / Dans l'Hüxstraße – la pharmacie du lion

◀ ▶ Gleich gegenüber des Lübecker Rathauses beginnt die Hüxstraße, die über Arkaden mit dem nahegelegenen Markt verbunden ist. Hier steht das traditionsreiche Café Niederegger, dessen Marzipan Lübeck im ganzen Land bekannt gemacht hat. Auch die traditionsreiche Löwenapotheke (rechts) liegt in der Nähe, in einem der ältesten Profanbauten der Stadt. Die ältesten Gebäudeteile stammen noch aus romanischer Zeit.

Hüxstrasse, opposite the city hall and linked by arcades to the nearby market, houses the traditional Café Niederegger, whose marzipan made Lübeck famous throughout the land. The old Löwenapotheke pharmacy (right) is partly Romanesque and among the city's oldest secular buildings.

La Hüxstraße débute juste en face de l'hôtel de ville de Lübeck. Elle est reliée par des arcades à la place du marché. On y trouve entre autres le traditionnel café Niederegger, dont la pâte d'amande a révélé Lübeck au reste du pays. La pharmacie du lion (à droite), située à proximité dans l'un des plus vieux bâtiments profanes de la ville, est elle aussi riche de traditions. Les plus vieilles ailes du bâtiment datent encore de l'époque romane.

An der Trave
At the Trave / Au bord de la Trave

◀ ▶ **Die Lübecker Altstadt** liegt auf einem Hügel, der einen Werder zwischen der Trave und der Wakenitz bildet. Vom Fluss aus sieht man die berühmten Giebel von Lübeck besonders gut. Wer eine Pause vom (Kopfstein-)Pflastertreten braucht, kann sich auf einem der vielen Fährdampfer einmal rund um die Altstadtinsel schippern lassen.

Lübeck's historical quarter stands on a hill forming a river island between the Rivers Trave and Wakenitz. The river affords an especially fine view of Lübeck's famous gabled roofs. Visitors seeking a break from exploring the cobbled streets can take a leisurely boat trip around the island.

Le centre historique de Lübeck se dresse sur une colline qui forme une sorte d'île fluviale entre la Trave et la Wakenitz. Du fleuve, on aperçoit particulièrement bien les célèbres pignons qui ont fait le renom de Lübeck. Celui qui souhaite se reposer d'une marche astreignante sur les pavés peut se faire bercer au gré d'un des nombreux bateaux à vapeur circulant autour de l'île de la vieille ville.

Frischer Fisch aus der Trave

Fresh fish from the Trave / Le poisson frais de la Trave

◀ ▶ **Hechte, Zander, Barsche, Karpfen**, Schleien, Brassen, Regenbogenforellen, Meerforellen, Aale, Flundern, Heringe und Hornhechte und, und, und. Mit ihren kleinen Fischkuttern angeln die Fischer täglich frische Delikatessen aus dem Wasser. Und so gibt es in Lübeck an nahezu jeder Ecke frischen Fisch. Vom eleganten Fischrestaurant bis zur rustikalen Fischhütte ist alles dabei.

Pike, zander, perch, carp, tench, bream, rainbow and sea trout, eels, flounder, herring and garfish – and plenty more. Fishermen haul catches of fresh delicacies onto their decks every day, and fresh fish can be found on almost every corner in Lübeck, from elegant restaurants to homely huts.

Des brochets, du sandre, des perches, de la carpe, des tanches, des brèmes, des truites arc-en-ciel, des truites de mer, des anguilles, des flets, des harengs et des aiguilles de mer et, plus encore. Avec leurs petits chalutiers, les pêcheurs pêchent chaque jour de bons repas frais et savoureux issus de la mer. Ainsi, on trouve à Lübeck du poisson frais à presque chaque coin de rue. Du restaurant de poisson élégant au stand de poisson rustique, il y en a pour tous les goûts.

Weihnachten in Lübeck

Christmas in Lübeck / Noël à Lübeck

◀ ▶ IN DER WEIHNACHTSZEIT erstrahlt Lübeck im warmen Glanz der Lichterketten und Kerzen. Etwas abseits des Trubels auf den größeren Märkten fühlt man sich auf dem Kirchhof von St. Marien in eine andere Zeit versetzt: Kupfer- und Silberschmiede werben um die Gunst der Passanten, und auf der Bühne unterhalten mittelalterliche Gaukler.

At Christmas Lübeck is radiant in the warm glow of lights and candles. Away from the bustle of the main markets, the courtyard of St Mary's seems to take a step back in time; copper- and silversmiths vie for the attention of passers-by, and medieval jugglers entertain the crowds.

Pendant la période de Noël, Lübeck s'illumine à la lueur chaleureuse des guirlandes illuminées et des bougies. À l'écart de l'agitation des grands marchés, on se sent comme transposé à une autre époque au cimetière Ste Marie : Les orfèvres maniant le cuivre et l'argent cherchent à gagner la bonne grâce des passants tandis que des saltimbanques médiévaux tiennent le devant de la scène.

FROHE WEIHNACHTEN
Brezeln

Travemünde

In Travemünde / À Travemünde

▷ **Von weitem scheint es gelegentlich so,** als schöbe sich ein riesiger Hochseedampfer mitten durch die grüne Wiese. So flach ist das Land, durch das die Trave träge in die Ostsee mündet. Irgendwo hinter Travemünde, gleich hinterm Horizont breitet sich die Ostsee aus und dahinter die große weite Welt.

The countryside through which the Trave meanders on its way to the Baltic is so flat that from a distance, the vast ocean liner seems to be plowing through green meadows. After Travemünde, over the horizon, is the sweep of the Baltic, and beyond that the wide world.

De loin, il semble parfois qu'un gigantesque bateau à vapeur de haute mer pousse au beau milieu des prairies. Dans ce pays extrêmement plat, la Trave débouche paresseusement sur la mer Baltique. Quelque part derrière Travemünde, au-delà de la ligne d'horizon, la mer Baltique est là dans toute sa grandeur et plus loin encore, c'est le vaste monde.

Travemünde – Über den Wolken – Am Strandbahnhof

Up in the clouds –The beach station / Au-dessus des nuages – à la gare de la plage

◀ **Das Maritim-Hochhaus** in Travemünde, 1974 fertiggestellt, ist mit 119 Metern Höhe und 35 Stockwerken schon ein Stück Baugeschichte. Auf dem Dach befindet sich das höchste Leuchtfeuer Europas, darunter u.a. ein Vier-Sterne-Hotel und mehrere Restaurants.

The 35-storey Maritim block in Travemünde, 119 meters high and completed in 1974, is a piece of architectural history. Europe's highest navigational light is positioned on its roof; the building itself houses a four-star hotel and numerous restaurants.

Le Maritim-Hochhaus de Travemünde, dont la construction s'acheva en 1974, marque une étape dans l'histoire de l'architecture avec ses 119 mètre de hauteur, ses 35 étages. Sur le toit, on y trouve le plus haut phare d'Europe. Le bâtiment lé berge entre autres un hôtel quatre étoiles et plusieurs restaurants.

▶ **Der Strandbahnhof** empfängt schon seit gut 100 Jahren die Touristen und wurde 2009 modernisiert.

The beach station, modernized in 2009, has welcomed tourists for over 100 years.

La gare de la plage accueille depuis 100 ans déjà des touristes et fut modernisée en 2009.

Am Strand von Travemünde

Travemünde beach / Sur la plage de Travemünde

◁ ▷ »IN TRAVEMÜNDE, DEM FERIENPARADIES, wo ich die unzweifelhaft glücklichsten Tage meines Lebens verbracht habe, (...) gingen das Meer und die Musik in meinem Herzen eine ideelle, eine Gefühlsbindung für immer ein (...).« So wie Thomas Mann ergeht es bis heute so manchem Gast, der die Gischt blitzen sieht, den weißen Sand unter den Füßen fühlt und salzige Luft atmet.

"At Travemünde, the vacation paradise where I spent undoubtedly the happiest days of my life, (...) the sea and the music fused in my heart in an imaginary, an emotional and eternal bond (...)." Thomas Mann's feelings are echoed today by many a visitor gazing over the foaming spray into the crisp, salty air, with white sand underfoot.

« Travemünde, un paradis pour les vacances où j'ai certainement passé les jours les plus heureux de ma vie, (...) la mer et la musique se glissent comme un rêve idéal dans mon cœur, un attachement s'est crée pour toujours (..). » certains visiteurs éprouvent la même chose que Thomas Mann, en voyant étinceler l'écume, en sentant le sable blanc sous leurs pieds, en clignant des yeux à la fraicheur du vent marin. Travemünde, paradis pour les vacances.

Die Strandpromenade von Travemünde

Travemünde promenade / La promenade sur la plage de Travemünde

◀ ▶ BEI SCHÖNEM WETTER ist die Strandpromenade die Flaniermeile des Ortes. Jogger flitzen um die Ecke, Kinder lassen sich von der kleinen Bimmelbahn durch die Gegend kutschieren, Familien und Paare gehen gemütlich spazieren.

In good weather the promenade is the hub of the whole town; joggers fly by, children rattle around on the little sightseeing train and families and couples take a leisurely stroll.

La jetée de la plage est le lieu où l'on aime flâner par beau temps. Les jogger courent non loin de là, les enfants se laissent transporter à bord d'un petit train, des familles et des couples se baladent avec nonchalance.

HL LV 205

Lübecks schönste Tochter

Lübeck's loveliest daughter / La plus belle fille de Lübeck

◁ ▷ DAS OSTSEEHEILBAD TRAVEMÜNDE wird gern als »Lübecks schönste Tochter« bezeichnet. Gepflegte und heimelige Reetdachvillen, Geborgenheit vermittelnde Dorfkirchen (hier: St. Lorenz, 16. Jh.) und wie in Lübeck überall der warme Ton des Backstein.

The Baltic spa resort of Travemünde is often described as 'Lübeck's loveliest daughter.' Immaculate, cozy thatched cottages, welcoming village churches (here: 16th-century St. Lorenz) and, as everywhere in Lübeck, the warm red of brick.

On aime qualifier la station balnéaire baltique de Travemünde de « plus belle fille de Lübeck ». Des villas aux toits de chaume impeccables et confortables, des églises de village au caractère serein (ici : St Lorenz, 16e siècle) et comme partout à Lübeck le ton chaud des briques.

Am Travemünder Fischereihafen

At Travemünde fishing harbor / Au port de pêche de Travemünde

◀ ▶ AM SEE- UND FISCHEREIHAFEN von Travemünde legen täglich Fischkutter an. Den noch auf See verarbeiteten Fang verkaufen die Fischer direkt im Hafen. Frischer kann man die Früchte des Meeres wohl nicht erstehen. Wer sich sofort an den gedeckten Tisch setzen möchte, der findet im Hafen sicher das richtige Fischlokal.

Fishing boats moor daily at Travemünde's sea and fishing harbor. The catch is processed at sea and sold by the fishing captains at the harbor – no fish could be fresher than this, straight from the boat. And if hunger strikes, the harbor is well stocked with fish restaurants.

Des chalutiers accostent tous les jours au port maritime et de pêche de Travemünde. Les pêcheurs vendent directement au port les poissons qu'ils ont pris en mer. On ne peut pas acheter des fruits de la mer plus frais que ceux de chalutiers sur le retour. Si vous souhaitez vous mettre tout de suite à table, vous trouverez sûrement un restaurant de poisson au port.

ANNA II

▸ **Die ersten Dampfschiffe** brachten 1820 Reisende aus Kopenhagen, Riga und St. Petersburg nach Travemünde. Heute verkehren vom Skandinavienkai viele Fähren in die nordeuropäischen Länder, nach Polen und Russland und zu den baltischen Staaten. Aber auch Windjammer, Fischkutter, Dampfeisbreo

The first steamers brought visitors from Copenhagen, Riga and St. Petersburg to Travemünde in 1820. Today many ferries leave Skandinavienkai Quay for Northern European countries, Poland and Russia and the Baltic states, passing the windjammers, fish cutters and icebreakers moored in Travemünde harbor.

En 1820, les premiers bateaux à vapeur amenèrent des voyageurs de Copenhague, de Riga et St Petersburg à Travemünde. Aujourd'hui, beaucoup de ferrys partent du quai Skandinavienkai pour rejoindre les pays nord-européens, la Pologne, la Russie et les États baltes. Des voiliers, des chalutiers, des briseurs de glace à vapeur ont aussi leur place dans le port de Travemünde.

Robin Hood
Robin Hood

NordoLink
FINNTRADER
MALMÖ

Schiff im Ruhestand

A venerable ship / Navire à la retraite

◀ ▶ 2011 WIRD DIE VIERMASTBARK PASSAT 100 Jahre alt. Der stattliche Großsegler gilt als eines der schönsten Segelschiffe. Es wurde in Hamburg bei Blohm und Voss für den Getreide- und Salpetertransport gebaut. Die Stadt Lübeck rettete das stolze Schiff 1959 vor dem Abwracken, gab ihm einen festen Liegeplatz an der Travemündung und stellte es unter Denkmalschutz.

The four-masted barque Passat will be 100 years old in 2011. This stately tall ship, built at the Blohm und Voss shipyard in Hamburg as a grain and saltpeter transporter, is regarded as one of the most beautiful in Germany. In 1959 the city of Lübeck saved the proud ship from being broken up, brought it to a safe mooring at the mouth of the Trave and declared it heritage-protected.

En 2011 le quatre-mâts « Passat » fête ses 100 ans. Cet imposant voilier est considéré comme l'un des plus beaux de son genre. Il fut construit à Hambourg chez Blohm et Voss pour le transport de céréales et de salpêtre. La ville de Lübeck a sauvé ce majestueux bateau de la casse en 1959, elle lui donna un emplacement fixe à l'embouchure de la Trave et le plaça sous la protection des monuments historiques.

Alter Leuchtturm und Travemünder Spielcasino

Lighthouse and Travemünde Casino / Le vieux phare et le casino de Travemünde

◀ ▶ **1316 WURDE EIN LEUCHTTURM** in Lübeck/Travemünde erstmals erwähnt, wahrscheinlich das älteste Leuchtfeuer an der deutschen Küste. An derselben Stelle wurde 1539 der Alte Leuchtturm erbaut, heute ein Museum. Bis 1972 warnte er Seeleute vor den Untiefen der Küste, wenig später wurde diese Aufgabe vom Maritim-Hochhaus übernommen. Gleich um die Ecke lädt das Casino zur Suche nach dem Glück des Abends ein.

A lighthouse at Lübeck/Travemünde was first mentioned in 1316 and was probably the oldest navigation aid along the German coastline. The Old Lighthouse was built on the same spot in 1539 and is a museum today. It warned sailors of the coastal shallows until 1972, when the role was taken over by the Maritim block. Around the corner, the casino invites visitors to try their luck.

En 1316, on mentionna pour la première fois un phare à Lübeck/Travemünde, il s'agit probablement de la plus vieille balise lumineuse de la côte allemande. On érigea un vieux phare au même endroit en 1539, qui est devenu aujourd'hui un musée. Jusqu'en 1972, il mettait en garde les marins des bas-fonds côtiers, cette tache fut reprise plus tard par le Maritim-Hochaus. Le casino, situé juste au coin, vous invite trouver le bonheur le temps d'une soirée.

MARITIM

Am Timmendorfer Strand

Timmendorf Beach / Sur la plage de Timmendorf

◀ 15 KILOMETER NÖRDLICH VON LÜBECK direkt an der Ostsee liegt das kleine Örtchen Timmendorf. Der Ort ist zwar klein, doch um so größer erscheint der Sandstrand, der als der längste in Schleswig-Holstein gilt. Schon seit Ende des 19. Jahrhunderts gilt der Ort als Kurort.

15 kilometers north of Lübeck, directly on the Baltic Sea, is the village of Timmendorf. The tiny village is dwarfed by its beach, believed to be the longest in Schleswig-Holstein. Timmendorf has been a spa resort since the late 19th century.

La petite localité de Timmendorf se trouve à 15 kilomètres au nord de Lübeck, directement au bord de la mer Baltique. La localité est certes petite mais sa plage de sable, qui est considérée comme la plus longue du Schleswig-Holstein, en paraît d'autant plus grande. Depuis la fin du 19e siècle déjà, le lieu est considéré comme un centre de cure.

▸ **Blick** über die Lübecker Altstadt mit St. Marien

View over Lübeck's old quarter with St Mary's Church

Vue sur la vieille ville de Lübeck avec l'église Sainte-Marie

Impressum

Die Autorin: Ulrike Ammermann schreibt als freie Journalistin und Autorin für Tageszeitungen, Zeitschriften und Buchverlage, vorzugsweise zu Kultur- und Reisethemen.

Produktmanagement: Dr. Birgit Kneip
Englische Übersetzung: Alison Moffat, München
Französische Übersetzung: Sandra Brandstetter, Bernau
Grafische Gestaltung: Medienfabrik GmbH, Stuttgart
Kartografie: Thomas Vogelmann, Mannheim
Herstellung: Bettina Schippel
Repro: Cromika sas, Verona
Printed in Slovenia by Korotan, Ljubljana

Alle Angaben dieses Bandes wurden vom Autor sorgfältig recherchiert und vom Verlag auf Stimmigkeit und Aktualität geprüft. Allerdings kann keine Haftung für die Richtigkeit der Informationen übernommen werden. Für Hinweise und Anregungen sind wir dankbar.
Zuschriften an den:
Bruckmann Verlag, Produktmanagement,
Postfach 400209, 80702 München
E-Mail: lektorat@bruckmann.de

Bildnachweis

© AKG-Images GmbH, Berlin: Karte Vorsatz; © Bildagentur Huber: S. 21, 27 (beide Dutton), 8, 37, 70, 79 (Gräfenhain), 19, 90 (Kreder), 4, 10, 35 (Mader), 17 (Schmid); Fisch-Hütte, Lübeck: S. 68; © Fotolia: S. 31 (Dierks), 52 (Effner), 14 (Frings), 16 (Herb), 33 (Nanou prod), 67 (Thorabeti), 32 (Xiongmao); © Bildagentur LOOK: S. 78 (Dressler), 66 (agefotostock/Fusta Raga), 74, 75, 80, 81, 82, 83, 85, 86, 87, (alle Haug), 6, 73 (beide Johaentges), 50 (agefotostock/Paterna), 18, 30, 36, 39, 40, 42, 47, 55, 65 (alle Schiesswohl), 26, 61 (TerraVista), 25, 46, 48, 49, 76, 77 (alle H&D Zielske); © Volkmar E. Janicke: S. 20, 29, 44, 61; © dpa/picture-alliance: S. 45 (Drechsel), 22 (Gambarini), 28 (Gerig), 43 (Langenstrassen), 34 (Mayall), 38 (Monheim), 41 (Perrey), 60 (Porr), 88 (Schumacher), 89 (Seelhoff), 54 (Warmuth), 69 (Bildagentur Huber/Gräfenhain) ; © Desiree Preiss, Lübeck: S. 64.

Einbandfotos
Vorne: Holstenhafen an der Untertrave mit Marienkirche © Look-foto/Zielske); hinten: Holstentor © Paul Maurice–Fotolia.com; Hafen © Angela Parszyk–fotolia.com; Rathaus © Ralf Gosch–Fotolia.com

Die Deutsche Nationalbibliothek verzeichnet diese Publikation in der Deutschen Nationalbibliografie; detaillierte bibliografische Daten sind im Internet über http://dnb-nb.de abrufbar.

ISBN 978-3-7654-5583-4

Wassertheater
Roeckstraße
Schönböckener Allee
Wickedestraße
Friedensstraße
Ludwig-
Warendorpstraße
-straße
Schwartauer Allee
Katharinenstraße
Wallhafen
Hansahafen
Brückenweg
Falkenstraße
Fackenburger Allee
Waisenhof-
str.
Reifer-
straße
Wickede-
straße
Sadowastraße
Klappenstraße
Marienstraße
Museumshafen
An der Untertrave
Burgkloster
Engelswisch
Gr. Burgstr.
Wakenitz-
mauer
Kanalstraße
Klughafen
Engelsgrube
Heilig-Geist-Spital
An der Stadtfreiheit
Adler-
Marquardstr.
Schwartauer Allee
Katharinenstraße
Holsteinhafen
An der Untertrave
Fischer-
grube
Böttcherstr.
Ellerbrook
Will-Brandt-Haus
Weiter Lohberg
Lübec
Ziegelstraße
Jakobikirche
Füchtingshof/
Glandorpshof
Becker-
grube
Stadtgraben
Willy-Brandt-Allee
Stadt-Trave
Buddenbrook-Haus
Thomas-Mann-Museum
Glockengieser-
straße
Wakenitzmauer
An der Falk
Steinrader Weg
Mengstraße
Katharinenkirche
Hunde-
straße
Falkenstraße
Travelmann
Fackenburger Allee
Breite
Str.
Marienkirche
Doktor-Julius-Leber-Straße
An der Obertrave
Fischstraße
Lübeck
Hbf.
Am Bahnhof
Rathaus
Kanalstraße
St-Lorenz-Brücke
Ritterstraße
Braunstraße
Fleisch-
hauerstraße
Reiher
Holstentor
Holstenstr.
Marzipanherstellung
Niederegger
Bergenstraße
Holstentor-Museum
Salzspeicher
Petrikirche
Hüxstraße
Bleichenw
Am Güterbahnhof
Lindenstraße
Theaterfiguren-
museum
Kolk
Sandstr.
König-
str.
Wahmstraße
An der Mauer
Hüxterdamm
Wallstraße
Aegidienstraße
Aegidienkirche
Possehlstraße
Depenau
Mühlenstraße
Schildstr.
Rhederbrücke
Blanckstra
Hansestraße
Karpfenstraße
Moislinger Allee
St.-Annen-Str.
Mauer
Molt
Dankwartsgrube
Parade
St. Annen-Kloster
Schützenstraße
Meierstraße
Lindenstraße
Augustenstraße
Mittelstraße
Hartengrube
Domkirchhof
An der
Mühlenbrücke
Krähen-
teich
Trave
Kalandstr.
Wakenitzstraße
Zietenstr.
Hansestraße
Dornestraße
Lachswehrallee
An der Obertrave
Mühlen-
damm
Dom
Musterbahn
Hüxtertorallee
Yorckstraße
Bismarckstraße
Töpferweg
Georgstraße
Wallstraße
Mühlen-
teich
Hanse-
platz